SOUVENIR DU PÈLERINAGE

DES

Petits Communiants

A ROME

(XVIII PÈLERINAGE DE N.-D. DE SALUT)

Récits et documents.

AU SECRÉTARIAT

de l'Association de Notre-Dame de Salut

4, AVENUE DE BRETEUIL, 4

PARIS

Au profit de l'Œuvre.

SOUVENIR DU PÈLERINAGE

DES

Petits Communiants
A ROME

(XVIIIᵉ PÈLERINAGE DE N.-D. DE SALUT)

Récits et documents.

AU SECRÉTARIAT

de l'Association de Notre-Dame de Salut

4, AVENUE DE BRETEUIL, 4

PARIS

Au profit de l'Œuvre.

SA SAINTETÉ PIE X

Pour répondre au désir de nombreux pèlersin de Rome on a consigné, dans ce petit recueil illustré, avec les notes rapides et les impressions du Pèlerinage des petits communiants aux pieds du Souverain Pontife, le texte des importants discours qui leur furent adressés, surtout par S. S. Pie X. Ce sera pour eux un souvenir de cet inoubliable voyage.

Inspiré par une noble initiative, préparé soigneusement depuis quinze mois avec l'auguste agrément du Saint-Père, béni et encouragé de diverses façons par les six cardinaux de France et par cinquante autres archevêques ou évêques français, chaleureusement recommandé par la presse catholique et le clergé, accueilli avec enthousiasme par les familles chrétiennes, réalisé avec succès par l'Association de Notre-Dame de Salut et le Conseil général des Pèlerinages, dirigé et guidé à Rome par les Augustins de l'Assomption aussi dévoués que compétents, favorisé par le temps pour les visites de la Ville et des monuments, pour les grandes et touchantes cérémonies de Saint-Pierre et de Sainte-Marie Majeure, enfin honoré spécialement, à la chapelle Sixtine, de la magnifique audience pontificale dont les échos sont parvenus au monde entier par la voix presque unanime des agences et des journaux même indifférents ou hostiles, ce Pèlerinage, qui n'avait encore jamais eu son pareil, mérite qu'on le revive et aussi qu'on le fasse connaître, pour la joie et le profit qu'il peut encore donner.

Ces quelques feuillets, sans prétention littéraire, qui se bornent à relater les faits en leur plus simple réalité, aideront à rappeler les enseignements et les leçons de ce grand événement.

Les petits enfants de France ont voulu exprimer au Souverain Pontife leur reconnaissance pour le Jésus qu'il accorde si tôt à leur innocence, et le Souverain Pontife, une fois de plus, a solennellement affirmé sa volonté, conforme à celle de Notre-Seigneur, que les petits enfants soient admis, dans les conditions requises, à la Communion précoce et fréquente.

Cette double manifestation, dont l'éclat incomparable a frappé le monde catholique tout entier, excitera davantage encore à l'application des Décrets eucharistiques de Pie X qu'un vénérable moine a si heureusement nommé les « Décrets libérateurs ». C'était le but, et ce sera le résultat béni de ce XVIIIᵉ Pèlerinage de Notre-Dame de Salut à Rome.....

LOUIS GUÉRIN.

<div align="center">~~~</div>

Nihil obstat.

Parisiis, die 20 maii 1912.

O. ROLAND-GOSSELIN,
can. hon.

IMPRIMATUR

Parisiis, die 20 mai 1912.

P. FAGES,
vic. gen.

AVANT LE PÈLERINAGE

Le premier projet.

Voici le texte qui en a été publié dans les premiers mois de l'année 1911 (1) :

L'immense bienfait que la bonté paternelle du bien-aimé pape Pie X vient d'accorder aux enfants en rendant à leur jeune cœur le droit, trop longtemps retardé, de participer au Banquet eucharistique, méritait un témoignage éclatant de reconnaissance. Que de petites mains ont écrit déjà au Souverain Pontife de naïves actions de grâces, dont la lecture fut si douce à son cœur ! Mais ce n'est pas assez, il faut qu'une délégation de cette jeunesse si privilégiée aille porter à Rome l'expression de la gratitude de tous les petits communiants, particulièrement des petits communiants de France, pour le Décret libérateur.

Cette pensée fut inspirée à un vaillant chrétien, M. le colonel Keller, président du Comité catholique de défense religieuse et de la Société générale d'éducation et d'enseignement. Le Conseil général des Pèlerinages, à qui elle fut soumise, a étudié la question, et il croit possible de donner satisfaction à ce désir que nous savons conforme aux vœux du Saint-Père.

En conséquence, le Conseil général des Pèlerinages, qui depuis trente-neuf ans dirige les foules vers les sanctuaires les plus lointains, se propose de conduire au Vatican la gracieuse ambassade dont il s'agit, non pas en 1911, à cause des circonstances douloureuses de cette année, durant laquelle

(1) Voir la *Croix* du 25 février 1911 ; *Rome*, 8 novembre 1911, p. 336.

les vagues de l'impiété ne cessent de battre les murs du Palais apostolique, mais en 1912, pendant les vacances de Pâques, dans la saison la plus belle et la plus saine.

Pour tous les détails, on peut s'en rapporter à sa longue expérience, qui saura mener à bien l'organisation de cette croisade d'un genre nouveau. Toutes les précautions nécessaires seront prises, en particulier pour la surveillance et la garde des jeunes pèlerins, pendant le voyage et le séjour à Rome, de façon à donner toute sécurité aux parents qui ne pourraient eux-mêmes accompagner leurs enfants.

Le prix d'un pèlerinage à Rome, en dépit de tous les avantages consentis, est forcément assez élevé. Beaucoup de familles ne reculeront pas devant la dépense. Pour aider celles qui demanderaient une réduction ou même une remise totale, on ouvre une souscription à laquelle sont invités à prendre part, par l'offrande même la plus minime, tous les enfants catholiques de France.

Le Conseil général des Pèlerinages publiera ultérieurement un programme plus détaillé qu'il ne lui est pas permis d'arrêter si longtemps d'avance. Mais il ose espérer que les adhésions au principe d'une ambassade des petits enfants de France au Vatican lui parviendront dès maintenant nombreuses de tous les diocèses, et surtout il demande les prières, spécialement celles de tous les petits communiants français, pour le succès d'un projet dont la réalisation ne peut manquer d'attirer d'abondantes bénédictions sur eux, sur leurs familles et sur leur pays.

GABRIEL HOCART,
Président du Conseil général des Pèlerinages.

FRANÇOIS ROLAND-GOSSELIN,
HENRI DE VERNEUIL,
Vice-présidents.

Paris, 4, avenue de Breteuil.

M. le colonel KELLER et M. PAUL FERON-VRAU envoyèrent aussitôt, au nom des œuvres et groupements qu'ils dirigent, une lettre enthousiaste d'adhésion (1).

Bénédictions de l'épiscopat.

Dès le début de 1912, un très grand nombre de cardinaux, archevêques et évêques français — 56 — daignèrent adresser aux organisateurs du pèlerinage leurs encouragements et leurs bénédictions :

Lettres de LL. EE. les cardinaux COULLIÉ, archevêque de *Lyon*; LUÇON, archevêque de *Reims*; ANDRIEU, archevêque de *Bordeaux*; encouragements et vœux de LL. EE. les cardinaux AMETTE, archevêque de *Paris*; DUBILLARD, archevêque de *Chambéry* (2);

Lettres de NN. SS. BONNEFOY, archevêque d'*Aix*; GAUTHEY, archevêque de *Besançon*; DUBOIS, archevêque de *Bourges*; DELAMAIRE, archevêque-coadjuteur de *Cambrai*; DUBOURG, archevêque de *Rennes* (3);

Lettres de NN. SS. SAGOT DU VAUROUX, évêque d'*Agen*; DE CORMONT, évêque d'*Aire*; DESANTI, évêque d'*Ajaccio*; DIZIEN, évêque d'*Amiens*; LOBBEDEY, évêque d'*Arras*; GIEURE, évêque de *Bayonne*; MANIER, évêque de *Belley*; CÉZÉRAC, évêque de *Cahors*; SEVIN, évêque de *Châlons*; BOUQUET, évêque de *Chartres*; CASTELLAN, évêque de *Digne*; MONESTÈS, évêque de *Dijon*; MEUNIER, évêque d'*Evreux*; MAURIN, évêque de *Grenoble*; DE BONFILS, évêque du *Mans*; PENON, évêque de *Moulins*; CHATELUS, évêque de *Nevers*; CAPMARTIN, évêque d'*Oran*; TOUCHET, évêque d'*Orléans*; BOUGOUIN, évêque de *Périgueux*; DE CARSALADE DU PONT, évêque de *Perpignan*; HUMBRECHT, évêque de *Poitiers*; EYSSAUTIER, évêque de *La Rochelle*; DE LIGONNÈS, évêque de *Rodez*; FOUCAULT, évêque de *Saint-Dié*; LECŒUR, évêque de *Saint-Flour*; PÉCHENARD, évêque de *Soissons*; SCHŒPFER, évêque de *Tarbes*; BIOLLEY, évêque de *Tarentaise*; MONNIER, évêque de *Troyes*; NÈGRE, évêque de *Tulle*; CHOLLET, évêque de *Verdun*; BONNET, évêque de *Viviers*; Communiqués officiels ou Ordonnances de NN. SS. RUMEAU, évêque d'*Angers*; ARLET, évêque d'*Angoulême*; GUILLIBERT, évêque de *Fréjus*; CATTEAU, évêque de *Luçon*;

(1) *Croix*, 6 avril 1911; *Rome*, 8 décembre 1911, p. 370.
(2) et (3) *Bulletin de N.-D. de Salut*, mars 1912, p. 276-285.

MARTY, évêque de *Montauban* ; IZART, évêque de *Pamiers* (1).

Ajoutons que NN. SS. RUMEAU, d'Angers, GIEURE, de Bayonne, CHATELUS, de Nevers, MANIER, de Belley, PENON, de Moulins, ont bien voulu envoyer leur offrande à la souscription pour les petits pèlerins pauvres.

S. Em. le cardinal DUBILLARD, à Chambéry ; NN. SS. MONESTÈS, à Dijon, et BEGUINOT, à *Nîmes*, ont daigné venir en gare bénir les enfants des deux trains de pèlerinage.

Assistaient à l'audience pontificale du 14 avril, dans la chapelle Sixtine, NN. SS. GERMAIN, archevêque de *Toulouse* ; GILBERT, ancien évêque du *Mans* ; FOUCAULT, évêque de Saint-Dié ; CAMPISTRON, d'*Annecy* ; GIEURE, de Bayonne ; SEVIN, de Châlons ; MARTY, de Montauban ; MARBEAU, de *Meaux* ; PENON, de Moulins, et PETIT, des Augustins de l'Assomption, archevêque élu d'*Athènes*.

Enfin, S. Em. le cardinal DE CABRIÈRES, évêque de *Montpellier*, et Mgr MARBEAU, évêque de Meaux, par lettre officielle à leur diocèse, ont rapporté la consolation que S. S. PIE X avait éprouvée en recevant le pèlerinage (2).

Souscription pour les enfants pauvres.

Cette manifestation de gratitude et de filiale affection devant comprendre toutes les classes de la société, une souscription fut ouverte en faveur des enfants pauvres.

Cette souscription, publiée peu à peu par la *Croix*, le *Pèlerin* et surtout l'*Eucharistie*, s'est élevée au beau chiffre de 12 000 francs, dont 1 600 francs ont été recueillis et publiés par le *Noël*, et qui ont permis d'emmener environ 60 petits pèlerins de plus. Grâce à elle, la gracieuse ambassade qui devait remercier le Pape a donc été plus nombreuse et a représenté plus complètement l'enfance catholique de notre pays.

Communions d'enfants pour Pie X

Une autre initiative fut inspirée à l'Association de Notre-Dame de Salut pour compléter celle du Pèlerinage ; voici la circulaire qui l'expose :

(1) *Ibid.*, mars 1912, p. 285-304 ; avril 1912, p. 307-314. La *Croix* a publié toutes ces lettres épiscopales.

(2) Voir plus loin, p. 62.

Une généreuse pensée vient d'être suggérée à notre Œuvre : nous nous empressons de vous en faire part pour que vous nous aidiez à la réaliser.

Outre le groupe des premiers communiants qui ira, à Pâques, avec notre XVIIIe Pèlerinage à Rome, porter le merci des enfants de France au grand Pape de la Communion quotidienne et précoce, on propose que tous les petits Français témoignent aussi *personnellement* de leurs sentiments de filiale gratitude pour S. S. Pie X. Ceux qui auront le privilège d'aller à Rome seront leurs ambassadeurs.

Pour cela, il a semblé qu'on pourrait demander *à tous les enfants* d'offrir une Communion aux intentions du Souverain Pontife au jour même de sa fête, *le 19 mars prochain*. Cette Communion générale de milliers d'enfants serait certainement pour le Saint-Père une joie et un réconfort dans les tristesses et les souffrances de l'heure présente.

Nous vous prions donc de solliciter cette Communion des enfants et d'en obtenir dès maintenant la promesse. Nous pouvons envoyer des feuilles spéciales à remplir, en demandant de nous les retourner avant le 19 mars. Elles formeront un grand *album*, contenant le nom, l'âge, la paroisse et le diocèse de chaque communiant ; cet album, richement enluminé et relié, sera offert au Pape par le groupe des petits enfants que nous conduirons à Rome en avril prochain. Ce sera le témoignage palpable de l'amour et de la piété filiale de tous.

Nous osons compter sur le zèle et l'activité des membres de nos Comités diocésains, de nos associés, et surtout des élèves de nos écoles affiliées.

Le Conseil central.

L'album offert au Saint-Père.

L'appel a été entendu. L'album, qui devait contenir le nom de chaque petit communiant, grossit au point de former quatre volumes in-folio, ayant plus de 2 700 pages, avec 50 noms par page, soit exactement un total de 135 330 noms d'enfants.

DÉDICACE DE L'ALBUM OFFERT AU PAPE

En tête du premier volume se trouve la dédicace des « petits enfants de France » à Pie X, avec l'image symbolique offerte par la maison Bouasse-Jeune, de Paris.

La seconde page donne cette statistique des petits communiants :

Association de Notre-Dame de Salut.

Nombre total, par diocèse, des enfants qui ont communié aux intentions de Sa Sainteté :

Agen (410) ; Aire (680) ; Aix (1 880) ; Ajaccio (200) ; Albi (1 460) ; Alger (1 050) ; Amiens (500) ; Angers (6 880) ; Angoulême (1 910) ; Annecy (1 000) ; Arras (3 700) ; Auch (400) ; Autun (570) ; Avignon (150) ; Bayeux (500) ; Bayonne (930) ; Beauvais (400) ; Belley (550) ; Besançon (1 400) ; Blois (400) ; Bordeaux (1820) ; Bourges (620) ; Cahors (3 360) ; Cambrai (9 190) ; Carcassonne (900) ; Carthage (420) ; Châlons (600) ; Chambéry (640) ; Chartres (220) ; Clermont (720) ; Constantine (230) ; Coutances (1 800) ; Digne (200) ; Dijon (600) ; Evreux (810) ; Fréjus (420) ; Gap (330) ; Grenoble (3 660) ; Langres (240) ; Laval (1 890) ; Limoges (340) ; Luçon (10 460) ; Lyon (2 920) ; Mans (Le) (740) ; Marseille (1 650) ; Meaux (380) ; Mende (1 100) ; Montauban (390) ; Montpellier (4 010) ; Moulins (560) ; Nancy (370) ; Nantes (3 600) ; Nevers (600) ; Nice (450) ; Nîmes (3800) ; Oran (870) ; Orléans (640) ; Pamiers (720) ; Paris (2 150) ; Périgueux (1 900) ; Perpignan (210) ; Poitiers (7 250) ; Puy (Le) (1 080) ; Quimper (2 460) ; Reims (1 620) ; Rennes (3 920) ; Rochelle (La) (550) ; Rodez (2 600) ; Rouen (1 240) ; Saint-Brieuc (1 300) ; Saint-Claude (2 350) ; Saint-Dié (3 760) ; Saint-Flour (620) ; Saint-Jean de Maurienne (70) ; Sèez (690) ; Sens (300) ; Soissons (610) ; Tarbes (500) ; Tarentaise (360) ; Toulouse (1 630) ; Tours (430) ; Troyes (340) ; Tulle (1 510) ; Valence (1 220) ; Vannes (1 740) ; Verdun (530) ; Versailles (810) ; Viviers (2 240).

Alsace-Lorraine (30) ; Allemagne (10) ; Angleterre (140) ; Belgique (800) ; Canada (50) ; Egypte (70) ; Espagne (40) ; Hollande (60) ; Italie (30) ; Monaco (30) ; Suisse (180) ; Turquie d'Asie (540) ; Divers (120).

TOTAL : 135 330.

« Le diocèse de Luçon, écrit la *Semaine religieuse* de ce diocèse (13 avril), occupe sur cette liste une place privilégiée, il occupe le premier rang avec 10 460 noms. Voilà qui est digne de la catholique Vendée. »

Les quatre volumes ont été luxueusement reliés en soie blanche, aux armes pontificales en couleurs ; chaque diocèse, rangé par ordre alphabétique, était indiqué sur la tranche par un petit signet en soie blanche, portant imprimé en or le nom du diocèse.

Comme nous le dirons plus loin (p. 43), ils ont été offerts au Souverain Pontife à l'audience du 14 avril.

Neuvaine du Pèlerinage.

L'Association de Notre-Dame de Salut proposa enfin à tous ses associés, en union avec les petits pèlerins, cette neuvaine générale et publique du 9 au 17 avril :

Chaque jour, assistance à la messe et communion si possible; récitation d'une dizaine de chapelet et des invocations suivantes :

Notre-Dame de Salut, priez pour nous.

Notre-Dame de Lourdes, priez pour nous.

Saint Joseph, patron de l'Eglise et du Pape, priez pour nous.

Saint Pierre et saint Paul, priez pour nous.

Bienheureuse Jeanne d'Arc, priez pour nous.

Le vendredi 12 avril, un sacrifice ou une aumône.

Le dimanche 14 avril, communion générale.

Horaire et Programme du Pèlerinage.

Mardi 9 avril. — Départ de Paris et de Nîmes, le matin.

Mercredi 10 avril. — Visite de Pise. — Arrivée à Rome dans la soirée.

Jeudi 11 avril. — Messe solennelle à Saint-Pierre. — Visite de la basilique et de Sainte-Marie des Monts, Saint-Pierre aux Liens, Saint-Clément, Colisée. — Salut à Saint-Venance.

Vendredi 12 avril. — Visite des musées et jardins du Vatican, des catacombes de Saint-Callixte et de Saint-Paul hors les murs. — Salut à Saint-Louis des Français.

Samedi 13 avril. — Cérémonie à Sainte-Marie Majeure. — Visite de Saint-Jean de Latran, Sainte-Croix de Jérusalem, Sainte-Agnès hors les murs, Villa Borghèse, Pincio, Saint-Ignace, Panthéon.

Dimanche 14 avril. — Audience pontificale dans la chapelle Sixtine. — Visite du Forum et du Palatin.

Lundi 15 avril. — Visite de Saint-Laurent hors les murs, Campo Santo, Sainte-Marie des Anges, Sainte-Cécile, Transtévère et Janicule.

Mardi 16 avril. — Départ de Rome.

Mercredi 17 avril. — Arrivée à Paris et à Nîmes.

LE PELERINAGE

Départ de Paris et de Nîmes.

Le mardi de Pâques, à la gare de Lyon, à Paris, a
eu lieu, à 8 h. 40 du matin, le départ du train spécial

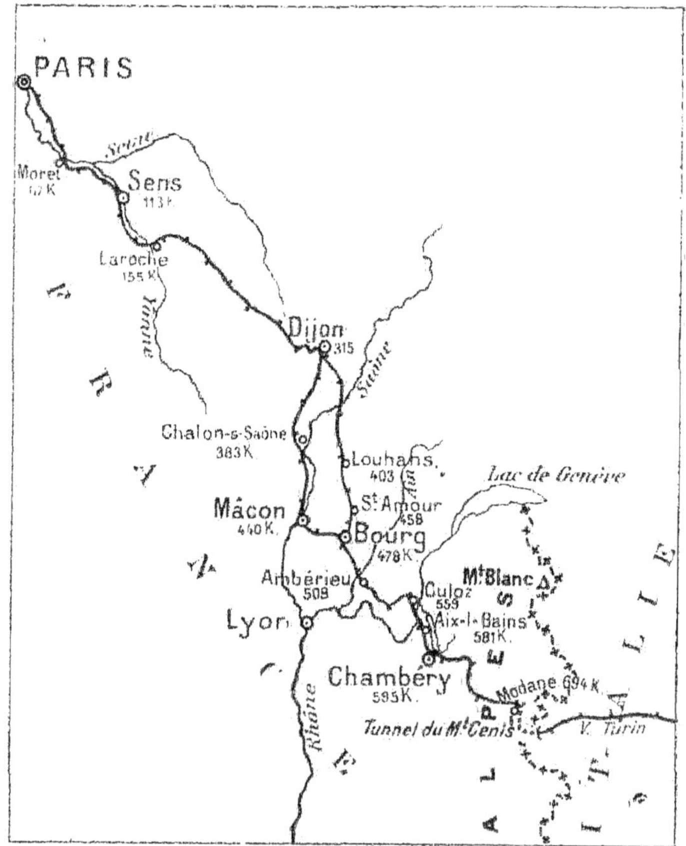

du XVIIIe Pèlerinage de Notre-Dame de Salut,
emmenant un groupe de près de 300 petits communiants, qui vont, au nom de tous, remercier le Saint-
Père du Décret sur la première Communion.

Dans la gare et aux abords du train, l'animation est
joyeuse, grâce à tous ces enfants, parmi lesquels on
remarque beaucoup de Noëlistes.

Le départ a lieu au chant de l'*Ave. maris Stella*.

Le train, qui compte 550 pèlerins, se dirige vers Modane et le Mont Cenis, pour arriver à Rome le mercredi soir vers 8 h. 1/2.

Un groupe de 75 pèlerins qui n'a pu trouver place dans ce train spécial est parti peu après, à 11 h. 40, par les trains ordinaires, afin de rejoindre les autres pèlerins à Rome le jeudi matin, après avoir passé la journée du mercredi à Turin. Il comprend un groupe de 29 élèves et professeurs de l'institution Notre-Dame des Victoires, de Roubaix (Nord).

⁎

Presque en même temps que le train de Paris, celui de Nîmes est parti avec 300 pèlerins, dont 80 enfants.

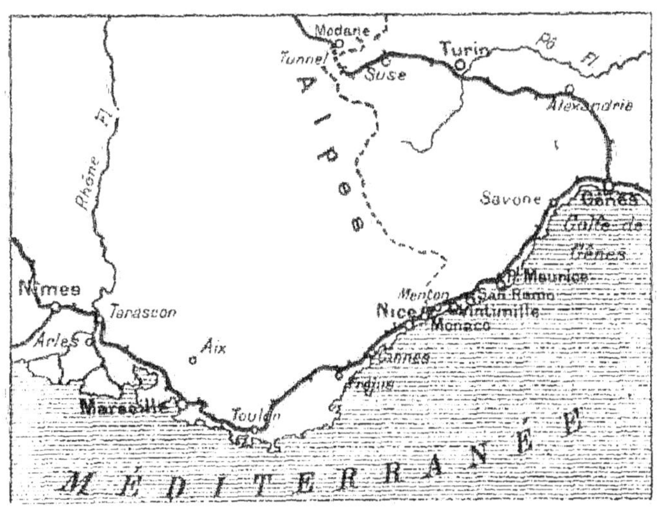

Malgré l'heure matinale, M⁰ʳ Béguinot, évêque de Nîmes, accompagné de M⁰ʳ Chapot, vicaire général et directeur diocésain de Notre-Dame de Salut, vint à la gare bénir les jeunes pèlerins.

Ce train devait parcourir toute la Côte d'Azur pour arriver à Rome le mercredi après midi.

En cours de route.

Chambéry, 9 avril, 8 heures soir. — Depuis le départ de Paris, le voyage se poursuit très heureusement. Les nombreux petits enfants mettent à chaque wagon, presque à chaque compartiment, une note aimable, gracieuse, joyeuse, qui donne au Pèlerinage un charme tout particulier et encore inédit.

En gare de Dijon et grâce à l'arrêt de vingt minutes, à 3 h. 1/4, M⁰ʳ Monestès a daigné venir, comme il l'avait écrit, pour bénir les petits pèlerins et donner une marque de grande bienveillance au Pèlerinage de Notre-Dame de Salut. Tous, par la voix du Directeur, lui ont exprimé leur très vive reconnaissance.

Pendant l'arrêt à Chambéry, S. Em. le cardinal Dubillard a daigné apporter aussi ses bénédictions; il a fait le tour des salles où les pèlerins prenaient leur repas, les a très bienveillamment bénis et leur a souhaité bon pèlerinage.

La Spezia, 10 avril, 11 h. 20. — Le pèlerinage est fervent et on chante très fréquemment. Tous les enfants sont en bonne santé et d'une humeur charmante. Ils sont impatients d'arriver à Rome.

Pise, 10 avril, 3 heures. — Un arrêt ménagé avec intelligence a permis de visiter les merveilles de Pise : le Dôme ou cathédrale, le Baptistère, la Tour penchée, à côté du Campo Santo. C'est un avant-goût des splendeurs de Rome.

Turin, 10 avril, midi. — Le voyage du groupe des 75 a été excellent. Nous passons une journée très intéressante et visitons Turin.

Grossetto, 11 heures. — Le train de Nîmes n'arrivera à Rome qu'à 2 h. 25 soir, au lieu de 11 h. 42 matin, à cause d'un ouragan qui, en gare de La Spezia, a renversé deux wagons de marchandises ; de là, pour un train de voyageurs, un déraillement qui nous a mis en retard. Avec un bon esprit admirable, les 308 pèlerins de ce train ont accepté ce contre temps, qui les a cependant privés de l'excellent déjeuner qui les attendait à leur arrivée dans les hôtels : ils se sont contentés d'un café au lait à Grossetto avec quelques provisions offertes dans les compartiments.

Le voyage s'est effectué dans des conditions très consolantes. En parcourant les wagons, les directeurs du train n'avaient qu'à dire un mot, et aussitôt, comme pour le Pèlerinage National à Lourdes, tout le monde

se mettait à répondre aux prières ou aux chants
indiqués.

Au départ de Nîmes, pendant qu'ils recevaient une
dernière bénédiction de Mgr Béguinot, les pèlerins
ont entonné l'*Ave, maris Stella*; à Marseille ils ont
acclamé Notre-Dame de la Garde, et dès qu'ils aper-
cevront la Ville Éternelle, ils entonneront avec joie
le *Magnificat*.

Ce qu'il y a eu de vraiment beau durant ce long
voyage, ce sont les deux réunions des 86 petits
enfants venus à Rome par ce train et que le directeur
rassembla dans un grand wagon de troisième. Il

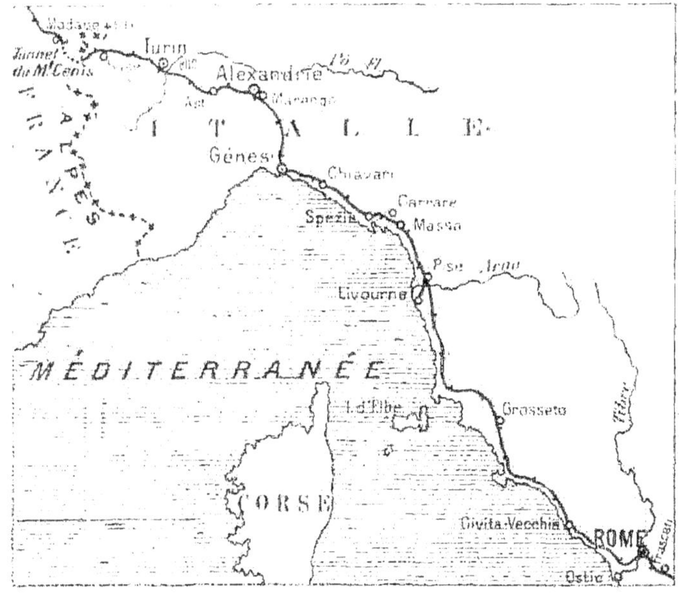

avait pensé, avec raison, qu'il était bon de les pré-
parer aux grâces de leur pèlerinage. Avec quelle
attention ils écoutaient sa parole vibrante! Avec
quelle piété ils répondaient aux cantiques en l'honneur
de Notre-Dame de Salut et du Pape!

La dernière réunion surtout a été profondément
touchante. Elle débuta par le *Magnificat* avec le
refrain : *Vierge, notre espérance*. Puis un des plus
jeunes, âgé de sept ans, Raoul de Kreuznach, de
Tarascon, se fit prédicateur et prononça un petit sermon.
La réunion se clôtura dignement par une chaude
allocution de M. l'abbé Dufayet, du diocèse d'Angou-

lème, et par le cantique soutenu par un groupe de
18 élèves de la célèbre école de Sorèze (Tarn): *Gloire
au Pontife universel.*

L'arrivée à Rome.

Les pèlerins des deux trains sont heureusement
arrivés à Rome dans la soirée du mercredi, après un
excellent voyage.

Le groupe spécial est arrivé le jeudi matin et s'est
uni aussitôt aux autres pèlerins.

Notons qu'un certain nombre de Français, venus à

LE PALAIS DU VATICAN OÙ RÉSIDE LE PAPE

part pour raison de santé, et avec leurs enfants, se
sont joints aussi au Pèlerinage pour les visites, les
cérémonies et l'audience pontificale, et lui ont permis
de dépasser le millier.

C'était donc une imposante manifestation française
où régna, chez tous, une grande union avec une grande
ferveur.

Et elle fit, nous le savons et nous le noterons plus
loin, grande impression à Rome.

MESSE A SAINT-PIERRE

Dès le lendemain matin, jeudi 11 avril, à 8 h. 1/2, dans la grande abside de la basilique du Vatican, la messe solennelle du Pèlerinage fut célébrée par le T. R. P. Emmanuel Bailly, Supérieur général des Augustins de l'Assomption, à l'autel de la Chaire de

SAINT-PIERRE DE ROME

saint Pierre. Sur les bancs du chœur gracieusement mis à leur disposition par Mgr di Bisogno, économe et secrétaire de la Fabrique Vaticane, avaient pris place les 400 enfants. Derrière eux, les prêtres, les parents et les autres pèlerins. Sur les premiers bancs de la nef, le Conseil de Notre-Dame de Salut. L'assistance était aussi recueillie que nombreuse.

Pendant la messe, chant du *Credo*, de l'*Adeste, fideles*, et autres motets liturgiques. La communion générale fut particulièrement émouvante; la longue théorie des petits enfants se déroula à la Table sainte

LA CHAIRE DE SAINT PIERRE, AU FOND DE LA BASILIQUE

pendant plus de vingt minutes, et quatre prêtres
distribuèrent la communion. Le spectacle était vraiment magnifique.

A la fin de la messe, le T. R. P. Bailly a souhaité
la bienvenue aux enfants, les félicitant de venir, au
nom de tous les petits Français catholiques, remercier
le Pape, et leur a demandé, en termes ardents, d'aimer
toute leur vie Notre-Seigneur Jésus-Christ, la Sainte
Vierge, l'Eglise et le Pape.

Cette cérémonie si touchante a ému tout le monde ;
plusieurs pleuraient d'attendrissement, et un haut
prélat de Saint-Pierre disait : « Je retrouve la France
de jadis avec son ardeur et sa foi généreuse ; celle
des premiers Pèlerinages Nationaux du P. Picard... Ah!
que j'en suis heureux ! »

Allocution du T. R. P. Emm. Bailly.

Mes chers Enfants,

Vous voici donc à Rome en pleine fête de
Pâques! Jésus-Christ ressuscité est remonté au
ciel. Il a quitté la terre. Mais est-il perdu pour
nous? Non, mes enfants. Il est revenu vers nous,
il a voulu redescendre et, sans quitter le ciel,
rester avec nous. Et comment ?

Il s'est continué parmi nous, d'abord dans la
personne de son Vicaire, dans la personne de
Pierre et de chaque Pape, successeur de Pierre.
Il lui a donné les pouvoirs qu'il a lui-même, son
pouvoir d'ouvrir et de fermer le ciel, son pouvoir
de remettre les péchés, de proclamer la vérité
sans se tromper.

Il s'est encore continué parmi nous dans ce
prolongement de lui-même qui est l'Eglise
Catholique, Apostolique et Romaine ; l'Eglise,
son Corps mystique, son Epouse et notre Mère ;
l'Eglise, cette société divinement instituée par
Lui, si belle, si sainte, si universelle ; l'Eglise,
cet édifice spirituel dont nous sommes les pierres

vivantes et dont cette vaste et majestueuse basilique de Saint-Pierre, qui vous éblouit par son ampleur et sa magnificence, n'est qu'une faible image.

Mais Il s'est continué surtout parmi nous et en nous par l'Eucharistie; Il a donné à Pierre, revivant dans chaque Pape, le pouvoir de perpétuer, par l'Episcopat, à travers tous les siècles, le sacerdoce; et, par les prêtres, le pouvoir de Le faire descendre, en personne, du ciel sur l'autel, et de l'autel dans vos cœurs.

Ainsi *l'a voulu* ce divin Sauveur : c'est *son précepte divin*, c'est sa volonté divine que Pie X, continuant Pierre, a exécutée, quand il vous a appelés, mes chers enfants, à ce banquet céleste, dès que votre cœur était à même d'aimer Celui que votre raison, sortant de ses langes, vous mettait à même de discerner et de connaître.

Oui, ce grand Dieu, qui a fait le ciel et la terre, *il veut* descendre dans votre petit cœur! Ce Rédempteur dont le grand cœur a tant aimé les hommes, *il veut* prendre ses délices dans votre cœur d'enfant!

Et l'honneur qu'il vous fait, l'amour qu'il vous témoigne, son sang divin qu'il vous donne, vous rendent plus grands aux yeux des anges et des hommes, plus aimables à l'Église et à vos familles ; vous n'êtes plus pour eux des enfants ordinaires, mais des enfants en quelque sorte divinisés par votre union avec Dieu.

Voilà comment, mes chers petits enfants, parce que la Communion fait de vous des enfants divinement grandis et anoblis, on vous ménage ce beau voyage de Rome, ce long pèlerinage habituellement réservé aux grandes personnes, cette facilité de venir vous-mêmes remercier le Pape de vous avoir, si jeunes et si petits, admis à répondre au désir formel de Jésus-Christ de vous laisser venir à Lui et de Le laisser venir à vous.

Ah! remerciez bien Dieu, remerciez bien le Pape! Vous voilà quatre cents, petits garçons ou petites filles, venus de France en cette Ville qui est le centre de la catholicité, en cette Basilique qui est le plus grand temple de l'univers, au milieu des plus fameux souvenirs du monde et près de la plus auguste autorité de la terre. C'est une faveur extraordinaire pour vous de faire partie de cette phalange privilégiée.

Savez-vous, mes enfants, que c'est la première fois que pareil événement se produit? Oui, c'est un fait qui s'inscrira en lettres d'or dans les annales de notre chère patrie; un fait qui doit vous laisser un très doux et très honorable souvenir et dont l'écho doit retentir dans toute votre vie.

Sans doute, des rois, des empereurs, sont venus s'agenouiller ici, devant le Pape, pour se faire sacrer et couronner par lui; sans

T. R. P. EMM. BAILLY

doute, avant d'aller défendre les Lieux Saints, nos pères, les chevaliers et les croisés, sont venus ici demander au Souverain Pontife de bénir leur épée et leurs combats; sans doute, la France, *sergent de Dieu*, a envoyé, dans plus de vingt expéditions, ses soldats au secours du Pape; à diverses époques et surtout depuis plus de cinquante ans, de grands pèlerinages d'hommes, d'ouvriers, de représentants des œuvres, de fidèles de toutes les nations et de toutes les classes, sont venus acclamer le plus grand souverain de ce monde.

Mais c'est pour la première fois qu'un pèlerinage d'enfants comme le vôtre vient offrir au Pape la consolation de sa candeur et de son innocence; c'est la première fois qu'une croisade de petits premiers communiants comme la vôtre vient remercier Jésus-Christ dans la personne de son Vicaire en son palais du Vatican; c'est la première fois qu'une légion si nombreuse de tout jeunes enfants vient communier sous ce dôme de Saint-Pierre, près du tombeau du grand Apôtre, en ce lieu saint et béni de tout l'univers.

Ah! oui, vous êtes bien des enfants privilégiés! Mais n'oubliez pas que si vous êtes venus de tous les points de notre cher pays, vous n'êtes pas venus pour vous tout seuls!

Vous arrivez de toutes nos provinces et de tous nos diocèses, vous êtes une députation choisie de jeunes ambassadeurs pour représenter ici vos camarades ou vos compagnes, vos petits frères ou petites sœurs de France qui n'ont pas pu venir, tous ces enfants qui ont offert pour le Pape leur communion de la Saint-Joseph et qui forment une immense armée de milliers et milliers d'âmes.

Vous êtes le bouquet de la France, offert par l'Association de Notre-Dame de Salut à notre Père bien-aimé Pie X, au milieu de ses tribulations; vous formez comme un faisceau de fleurs embaumées du parfum du sang de Jésus-Christ, destinées à transformer, pour ce Père si saint, en odeur de suavité, les amertumes de ses tristesses présentes. Entre la France séparée et le Pape, vous représentez la France catholique de demain; vous êtes l'espérance de notre bien-aimée patrie; vous êtes comme le délicieux trait d'union des âmes d'élite qui se préparent à rendre à sa mère sa fille bien-aimée.

Pour vous bien acquitter de votre belle mission, mes chers enfants, priez de toute votre âme pour notre malheureuse et douce France qui en a tant besoin! La louange qui s'exhale des lèvres des enfants innocents plaît tant à Dieu! N'oubliez pas de prier pour vos chers parents qui se sont imposé tant de sacrifices pour vous amener ici; ayez un souvenir très spécial pour le vaillant catholique qui a eu la première idée de ce pèlerinage; priez encore pour les personnes qui ont accompagné avec tant de dévouement ceux que leurs familles ne pouvaient conduire elles-mêmes; enfin priez pour les diverses œuvres, pour ceux et celles qui ont, sous l'impulsion de près de soixante de NN. SS. les Evêques, secondé d'une façon ou d'une autre ce beau mouvement.

Mais n'ayez garde d'oublier ces enfants moins privilégiés que vous et qui, fréquentant en France un enseignement ou des écoles sans foi, sans piété et sans Eucharistie, sont privés des grâces abondantes que vous avez reçues.

Prenez à Rome des résolutions qui fassent de vous, jusqu'au dernier soupir, des catholiques à toute épreuve: Amour à Jésus-Christ et à la Sainte Vierge de façon à être prêts à tout leur sacrifier! Amour au Pape et à l'Eglise! Jurez d'être, à la vie, à la mort, les enfants éperdument dévoués et soumis au Vicaire de Jésus-Christ; faites cette promesse solennelle en face de cette Chaire de saint Pierre qu'on vénère ici au-dessus de cet autel, au pied de laquelle vous venez de communier et qui est le trône de la vérité et de l'amour. Pour moi, j'estime que, si vous ne rompez jamais le lien que vous venez ici, tout enfants, contracter avec le Pape, j'estime que ce pèlerinage pourra devenir pour vous un gage et comme un signe de prédestination.

Quels que soient les événements de votre vie, mes chers enfants, gardez toujours et partout, dans la vie publique comme dans la vie privée, l'amour de Jésus-Christ, de la Sainte Vierge et du Pape; ne cessez pas de communier et vous serez la consolation de l'Eglise, la joie de vos familles et le salut de la France!

Les visites à Rome.

Les visites ont aussitôt commencé, selon le programme très judicieusement combiné avec les guides experts que sont les jeunes Pères Assomptionistes de Rome.

Les enfants ont été particulièrement intéressés par la vue des grands monuments religieux ou profanes où ils furent conduits : le Colisée, le Vatican et ses jardins, etc.

Le vendredi soir, après avoir visité Saint-Paul hors les murs et les catacombes de Saint-Calixte, il y eut

ENTRÉE DES CATACOMBES DE SAINT-CALIXTE

Salut solennel du Très Saint Sacrement dans notre église nationale de Saint-Louis des Français, sur l'aimable invitation du recteur Mgr Guthlin. Les enfants avaient pris place dans le chœur qu'ils remplissaient. Le reste du pèlerinage se pressait dans l'église. C'est Mgr Marty, évêque de Montauban, qui donna la bénédiction du Saint Sacrement.

CÉRÉMONIE
A SAINTE-MARIE MAJEURE

Le samedi matin 13 avril, a eu lieu, dans la basilique de Sainte-Marie Majeure, une touchante cérémonie.

S. Em. le cardinal Vincent Vannutelli, archiprêtre

BASILIQUE DE SAINTE MARIE - MAJEURE

de cette basilique et protecteur de l'Association de Notre-Dame de Salut, a célébré la messe à l'autel papal, par privilège spécial du Saint-Père, qui avait aussi, extraordinairement, concédé l'exposition des reliques de la Crèche, placées devant l'autel.

Les enfants de France remplissaient le chœur. Une délégation de 25 petits Pages du Saint-Sacrement, dont 6 en costume de saint Louis de Gonzague, entouraient l'autel avec leurs bannières, à côté des bannières des Noëlistes (1).

Mgr Marbeau, évêque de Meaux, Mgr Penon, évêque de Moulins, Mgr Petit, archevêque d'Athènes, et de nombreux prélats français étaient présents. On remarquait aussi le colonel Keller, initiateur de ce pèleri-

LES PAGES DU SAINT-SACREMENT
EN COSTUME DE SAINT LOUIS DE GONZAGUE

nage; M. Hocart, président du Conseil des pèlerinages; M. Paul Feron-Vrau, directeur de la *Croix* et de la Maison de la Bonne Presse; M. Ballande, député

(1) Cette aimable délégation comprenait des Pages de 17 paroisses de Rome (XII Apôtres, Saint-Pierre du Vatican, Sainte-Marie Majeure, Saint-Nicolas *in Carcere*, Sainte-Marie *in Cosmedin*, Saint-Martin *ai Monti*, Saint-Laurent *in Damaso*, Sainte-Marie *in Traspontina*, Saint-Joachim, Sainte-Marie *in Aquiro*, Sainte-Marie de la Minerve, Sainte-Marie du Transtévère, Sainte-Thérèse, Sainte-Marie *in Campitelli*, Saint-Jean des Florentins, Saint-Eusèbe et Sainte-Marie du Rosaire).

de Bordeaux ; le D⁰ Van der Elst, du Bureau des constatations médicales de Lourdes ; les dames du Conseil du Salut, etc. Tout avait été organisé par les Pères Assomptionistes qui avaient trouvé les plus entières facilités auprès du Chapitre de la basilique.

Avant et durant la messe, les enfants chantèrent avec entrain le cantique de Noël : *Il est né le divin Enfant*, puis l'*Adeste, fideles*, l'*Ave, maris Stella*, le *Credo*.

A l'Evangile, S. Em. le cardinal Vincent Vannutelli, assis à l'autel, en mitre et en crosse, parla ainsi aux enfants :

ALLOCUTION
de S. Ém. le cardinal V. VANNUTELLI

Mes Frères, Mes chers Enfants,

Invité à vous adresser quelques mots à l'occasion de cette pieuse et si touchante cérémonie, je ne renonce pas au bonheur de féliciter de tout cœur les enfants de France d'être venus en si grand nombre remercier le Saint-Père de les avoir appelés à participer au trésor eucharistique dès que leur âme candide commence à s'ouvrir, sans nuages, aux aspirations du ciel. C'est encore un admirable exemple, qui nous vient de cette noble et chevaleresque nation, à qui le monde catholique est redevable de tant de généreuses et salutaires initiatives, et qui est et veut rester la fille aînée de l'Eglise.

Nonobstant les difficultés de la première heure, la France a bien apprécié la portée religieuse et sociale du décret *Quam singulari* sur la première Communion. Elle a vu que, parmi les moyens de procurer la restauration sociale en Jésus-Christ, celui-ci mérite bien une place d'honneur ; elle a compris que rien n'est de nature à réveiller et à maintenir l'esprit chrétien dans les individus et dans la famille comme la participation au banquet céleste, comme l'union des jeunes cœurs avec

Jésus-Christ avant que le souffle mondain n'obscurcisse leur pureté et leur candeur. Ce beau Pèlerinage que nous admirons tous est la preuve la plus manifeste, la plus éloquente, de ce que j'affirme. Il montre ce que peut la sainte hardiesse du génie français, dirigé et guidé par

S. EM. LE CARDINAL V. VANNUTELLI

l'esprit catholique. Il est la croisade eucharistique, digne d'être inscrite en lettres d'or dans les annales religieuses de la France.

Il est par-dessus tout destiné à appeler de plus en plus sur la chère et douce France les bénédictions de Dieu; c'est là ce qui doit former le motif principal de notre joie. En effet, mes chers enfants, l'acte que vous accomplissez est éminemment méritoire aux yeux de la Majesté divine. Honneur à ceux qui l'ont suggéré, qui l'ont encouragé et qui l'ont favorisé; honneur à ceux qui en ont si bien organisé l'exécution; à ceux qui, avec tant de dévouement, de vigilance et de zèle, ont su le conduire à bonne fin!

Vous venez à Rome non seulement pour vous-mêmes, mais pour représenter aussi tous vos petits frères, à qui le Saint-Père à ouvert le divin tabernacle : Jésus eucharistique est le lien qui vous unit et fait de vous un seul tout. Vous venez pour vous raffermir dans les saintes résolutions qui germent dans vos petits cœurs, lorsqu'ils deviennent eux-mêmes la demeure si agréable au divin Maître. Vous venez chercher ce réconfort auprès du Vicaire de Jésus-Christ, à qui vous désirez témoigner la reconnaissance de tous les petits communiants : c'est lui qui vous a envoyés à Jésus-Hostie : c'est Jésus-Hostie qui vous renvoie à son représentant sur la terre. Vous venez visiter ces grandes basiliques, qui évoquent tant de précieux souvenirs chrétiens. Vous venez vous incliner devant ces monuments religieux, qui vous parlent des origines et des progrès surnaturels du christianisme, de la grandeur divine de la sainte Église, de la prédication des apôtres, des souffrances des martyrs, du sang versé pour la foi par tant de héros, parmi lesquels il y avait aussi de tout jeunes enfants comme vous, et qui tous avaient été auparavant nourris et fortifiés du Pain des anges. Vous venez, en un mot, puiser ici cette force, ce courage, cette abnégation et cet esprit de mortification qui vous seront si nécessaires au cours de la vie, pour la confession de votre foi, pour la pratique de la vertu chrétienne. Et cet esprit d'humilité et de mortification, vous venez tout spécialement en implorer le don au pied de cette humble Crèche où, venant au monde pour le racheter et pour combattre l'orgueil humain, daigna se poser et s'abaisser le Verbe de Dieu fait homme, ce même petit Jésus qui aime tant à fixer aujourd'hui son trône dans votre jeune cœur.

Peut-on rien imaginer de plus apte à attirer sur vous-mêmes et sur votre chère patrie les grâces et les faveurs du ciel? C'est la fleur de France qui prie en vous, et avec vous c'est ce qu'il y a en France de plus sympathique et de plus charmant qui offre ici les vœux de l'âme chrétienne et française. Tout embaumée du parfum eucharistique, votre innocente prière s'élèvera vers Dieu en odeur de suavité. La miséricorde divine ne peut pas ne pas se laisser toucher.

Mais ce qui est aussi dans vos désirs, les bénédictions du Souverain Pontife ajouteront encore à la valeur et à l'efficacité de vos si pures supplications. Oui, mes chers Frères, vous le savez déjà, le Saint-Père aime la France; il aime votre pays pour les grands services qu'il a rendus et qu'il est destiné à rendre encore à l'Eglise: il porte à la France une profonde affection, un vrai et paternel intérêt, comme il le montra dans toutes les occasions. Plus que jamais aujourd'hui, mes frères et mes chers enfants, il est content de vous en présence de cette admirable manifestation de votre foi, qui lui procure une si douce satisfaction. Comme il a eu l'occasion de le déclarer lui-même, les invocations aussi pieuses que naïves de tant de petits enfants, qui épanchent leurs jeunes âmes dans le cœur du Dieu de l'Eucharistie, sont pour lui une espérance! Et qui pourrait en penser autrement? Vous aurez du reste, vous-mêmes, à l'audience de demain, la consolation et le bonheur d'entendre sa voix inspirée et de le voir lever sa main bénissante pour appeler sur vous tous, sur vos familles, vos œuvres, votre pays, l'abondance des faveurs divines.

Quant à moi, je ne puis m'empêcher, en terminant, d'exprimer ma vive joie en me voyant associé à une fête si touchante et si édifiante. J'en remercie les organisateurs et avant tout l'Association de Notre-Dame de Salut, dont j'ai l'honneur d'être, à Rome, l'humble cardinal protecteur. Je remercie tous ceux qui ont secondé l'œuvre de l'Association, spécialement l'aimable phalange des Noëlistes. Ma reconnaissance s'adresse tout particulièrement à ce vaillant catholique qui, le premier, émit l'idée de ce Pèlerinage des premiers communiants, et aux infatigables membres de cette si méritante Congrégation des Augustins de l'Assomption, qui ne connaissent pas d'obstacle lorsqu'il s'agit de promouvoir la gloire de Dieu et de resserrer l'union des fidèles avec le Saint-Siège.

Et que vous dirai-je encore, à vous-mêmes, mes chers petits pèlerins, à vous dont nous admirons tous la douce candeur, la belle modestie, l'innocente simplicité ?

Puissiez-vous être un jour l'élite de cette nation illustre qui donne à l'Eglise tant de saints, tant de missionnaires, tant de vaillants défenseurs ! Puissiez-vous rester, sous l'égide de Notre-Dame de Salut, les amis et les adorateurs de la très sainte Eucharistie ! Puissiez-vous, enfin, réaliser en vous-mêmes les belles paroles du Prince des apôtres, que nous avons lues tout à l'heure dans l'épître de ce jour : « Dépouillés de toute sorte de malice, de dissimulation, d'envie, de médisance, comme des enfants nouvellement nés, désirez ardemment le lait spirituel et tout pur. »

Mes chers enfants, ayez le vif désir d'accueillir dignement dans votre cœur le Verbe de Dieu fait homme caché dans l'Hostie sainte, nourrissez votre âme de cet aliment du ciel, et les vœux que je viens de formuler ne peuvent manquer de s'accomplir. *Amen.*

Le cardinal commença à communier lui-même les enfants, dont les cinq premiers faisaient leur première Communion. Mgr Marbeau et Mgr Penon continuèrent à leur distribuer la sainte Hostie, ainsi qu'aux parents et aux autres pèlerins; plus de mille personnes communièrent.

Après la messe, il y eut procession des enfants. Elle parcourut la basilique au chant des cantiques à la Crèche, et se termina dans la chapelle Borghèse, où les petits Pages de Rome offrirent des fleurs et récitèrent des compliments en français, que voici :

Adresse du jeune Toler.

Mes petits amis, au nom des petits Pages de Rome, je vous offre mon fraternel hommage, en vous remerciant de la joie que vous apportez au Saint-Père et à cette sainte Ville.

Votre visite nous est plus agréable que celle des souverains de la terre, parce que dans vos cœurs innocents vous nous apportez le Souverain des cieux, les souhaits de paix les plus heureux, la plus tendre expression de l'amour fraternel.

Nous espérons qu'en vous souvenant de votre visite à Rome au nom de Jésus, vous voudrez bien prier pour nous et pour notre patrie, tandis que nous prierons toujours pour vous et pour la France.

Les petites Gilda Canzane et Fernanda Mangiacchi débitèrent à leur tour, avec une grande aisance et une aimable distinction, ces petits compliments (1) :

Adresses des petites filles.

Chers petits frères, qui avez laissé votre belle France pour descendre à notre terre d'Italie et faire hommage à notre Saint-Père, soyez les bienvenus !

Nos âmes jouissent de votre joie, et votre sou-

---

(1) Tous ces compliments ont été transcrits par la jeune Alba Docilia.

venir vivra à jamais dans nos cœurs. En échange, emportez dans vos yeux la vision de cette Rome éternelle, qui est la patrie de tous les chrétiens, et dans votre mémoire les souhaits bien sincères des petits Pages du Très-Saint-Sacrement !

** **

Chers petits frères, nous vous remercions d'avoir porté le rayon de votre foi à la tombe de Pierre, à la terre des martyrs.

Veuillez agréer ces fleurs blanches, symbole d'innocence, et ces fleurs rouges, image de l'amour saint qui unit, comme une chaîne d'or, tous les petits Pages du Très-Saint-Sacrement.

Le jeune Raoul de Kreuznach, âgé de sept ans, de Tarascon (train de Nîmes), a répondu au nom de tous :

Réponse des petits Français.

Chers petits amis, je suis très heureux de prendre la parole au nom de tous les enfants de France pour vous remercier de votre fraternel accueil et des aimables souhaits de bienvenue que vous venez de nous adresser. Nous y avons été tous bien sensibles, et, quand nous rentrerons au pays, nous dirons à nos frères de là-bas que les petits Romains d'aujourd'hui sont dignes de leurs illustres aïeux et que leur amabilité et leur gentillesse n'ont pas déchu du passé. Nous garderons

RAOUL DE KREUZNACH

aussi comme un inoubliable souvenir la mémoire de cette matinée incomparable où nous nous sommes trouvés réunis au pied de la Crèche, où nous avons reçu ensemble le bon Jésus et où ensemble nous avons prié la Reine du ciel dans sa splendide basilique de Sainte-Marie Majeure.

Désormais, entre les enfants de la Rome catholique et ceux de la lointaine France il n'y aura plus qu'un seul cœur et qu'une seule âme !

Le directeur des Pages du Très-Saint-Sacrement, le R. P. François-Marie Formenti, des Frères Mineurs Conventuels, prit ensuite la parole :

Allocution du R. P. Formenti.

Mes chers Enfants,

Notre petit Joler, un des Pages de la première association du Très-Saint-Sacrement, de Rome, au nom de ses petits collègues, vient de vous présenter sa bienvenue, ses hommages, ses souhaits ; et cela après que vous avez reçu le Pain angélique ensemble, près de la Crèche de l'Enfant Jésus. Oh ! la belle alliance que vous avez contractée aujourd'hui ! Jésus a réuni dans un seul cœur les Pages de deux pays, qui par leur caractère, par leur histoire, doivent s'aimer ; de deux pays qui sont persécutés dans la foi par le même ennemi et qui attendent le même triomphe !

Au nom du très zélé Mgr François Faberi, président de l'Association des Pages, au nom de mon confrère, le curé de la basilique des Douze-Apôtres, où l'Association a son siège ; au nom des curés de cette Ville Éternelle et des dames zélatrices, je vous félicite d'être venus à Rome, aux pieds du Souverain Pontife, le *Pontife de la communion des enfants*, pour lui présenter vos hommages, pour le remercier de ce qu'il a fait pour les enfants, pour vous.

En vous voyant, à votre jeune âge, déjà de fervents catholiques, je vous exhorte, comme prêtre, comme Franciscain, à persévérer dans la belle carrière que vous avez commencée, à vous montrer dignes de vos ancêtres, dignes enfants de la France catholique.

Mais ce qui touche le plus mon cœur est de vous adresser la parole ici, dans cette basilique de Marie. Soyez donc les amis de cette auguste Mère, honorez-la toujours par vos prières, par vos vœux, par vos hommages; confiez à sa protection maternelle les promesses que vous avez faites, et elle vous donnera la force pour soutenir votre faiblesse; elle éloignera de vous les attraits perfides du mal; elle vous obtiendra la victoire sur le démon, l'augmentation de la grâce sanctifiante et la persévérance finale.

Le Père Directeur du pèlerinage invita les enfants à exprimer leur reconnaissance en priant pour le Pape, pour le cardinal, pour les évêques français et la patrie, pour le Chapitre de la basilique, et aussi à leurs intentions particulières.

M⁰ Marbeau dit, en quelques mots vibrants, la joie de l'épiscopat français.

Le cardinal termina par sa bénédiction solennelle cette manifestation qui ne pouvait être plus touchante ni mieux réussie.

En sortant de la chapelle, chaque petit pèlerin reçut en souvenir la photographie d'un groupe des petits Pages de Rome, avec cette aimable et délicate inscription :

Souvenir des petits Pages du Très-Saint-Sacrement, de Rome, à leurs petits frères de France, communiant tout près de la sainte Crèche de l'Enfant Jésus.

Rome, le 13 avril 1912.

Puis on distribua une image en couleurs de la sainte Crèche, avec une feuille donnant la traduction française de la prière italienne; nous la reproduisons ici :

LE RELIQUAIRE DE LA SAINTE CRÈCHE

Prière à réciter devant la sainte Crèche.

Je vous adore, ô Verbe incarné, vrai Fils de Dieu de toute éternité et vrai Fils de Marie dans la plénitude des temps. Et tandis que j'adore votre divine Personne et l'Humanité qui lui est unie, comment pourrais-je ne pas vénérer aussi la pauvre Crèche qui accueillit votre Enfance et qui fut vraiment le premier trône de votre amour ? Puissé-je me prosterner devant elle avec la simplicité des bergers, la foi de Joseph et l'amour de Marie ! Puissé-je courber le front devant ce précieux monument de notre salut avec les sentiments de mortification, de détachement et d'humilité qui vous inspirèrent, à Vous, le Maître du ciel et de la terre, de choisir une mangeoire d'animaux pour y reposer vos membres délicats ! Et Vous, ô Seigneur, qui, tout petit Enfant, avez daigné vous y étendre, versez dans nos cœurs une goutte de cette joie que durent éprouver les témoins de votre aimable Enfance et des miracles qui illustrèrent votre berceau. En souvenir de ce berceau, je vous conjure de donner à tous les hommes le bon vouloir et la paix, et de rendre, au nom de l'humanité entière, toute grâce et toute gloire à Dieu le Père et à l'Esprit-Saint qui, avec vous, vivent et règnent, dans l'unité de la Divinité, pendant les siècles des siècles. Ainsi soit-il.

AUDIENCE DU SAINT-PÈRE

Le dimanche 14 avril, à 11 h. 1/2, le Saint-Père a reçu en audience solennelle le pèlerinage des petits communiants dans la chapelle Sixtine, désignée spécialement par lui, car la salle du Consistoire, insuffi-

LA CHAPELLE SIXTINE
OÙ EUT LIEU L'AUDIENCE PONTIFICALE

sante pour les 1300 pèlerins, n'aurait pas permis à tous de voir le Pape et de contempler le spectacle ravissant du défilé des petits enfants.

Après avoir béni rapidement, dans les salles de l'appartement pontifical, le Comité directeur de Notre-Dame de Salut, le Conseil des pèlerinages et des Vocations, avec une délégation nodiste, le Pape, traversant à pied les loges et les chambres de Raphaël, est descendu à la chapelle Sixtine, accompagné de S. Em. le cardinal Vincent Vannutelli, de M⁸ʳ Ranuzzi de' Bianchi, maître de chambre, du T. R. P. Emmanuel Bailly et du Directeur du pèlerinage. Les quatre camériers de service étaient français : le colonel Keller, M. Hocart, le vicomte de Wall et le comte Ruffin.

Le Pape a pris place au trône dressé devant l'autel. En face étaient rangés — petits garçons d'un côté, petites filles en blanc de l'autre — les 400 enfants. Autour étaient les parents et en arrière la foule des pèlerins ; au total, plus de 1 300 personnes. A la gauche du Pape étaient placés les évêques, parmi lesquels M⁸ʳ Germain, archevêque de Toulouse ; M⁸ʳ Foucault, évêque de Saint-Dié ; M⁸ʳ Campistron, évêque d'Annecy ; M⁸ʳ Gieure, évêque de Bayonne ; M⁸ʳ Sevin, évêque de Châlons ; M⁸ʳ Marty, évêque de Montauban ; M⁸ʳ Marbeau, évêque de Meaux ; M⁸ʳ Penon, évêque de Moulins, ainsi que M⁸ʳ Gilbert, ancien évêque du Mans ; M⁸ʳ Petit, archevêque d'Athènes, et deux évêques étrangers ; Dom Maréchaux, abbé de Sainte-Françoise Romaine, de nombreux prélats et religieux français. Le service était assuré par la garde suisse et la gendarmerie pontificale.

Le coup d'œil était magnifique.

S. Em. le cardinal Vincent Vannutelli, dans une adresse très belle, a présenté au Pape le pèlerinage.

ADRESSE
de S. Em. le cardinal V. VANNUTELLI

Très Saint Père,

Rappelant au monde l'invitation du Sauveur : « Laissez venir à moi les petits enfants », Votre Sainteté a voulu que les petits chrétiens aient leur part du Trésor eucharistique, dès que leur âme candide commence à s'ouvrir sans nuages aux aspirations du ciel.

Jamais, Très Saint Père, parole pontificale n'a mieux répondu à l'esprit de bonté et de douceur du divin Maître. Cette parole a eu dans l'univers entier un retentissement salutaire : elle a réveillé la foi, nourri la piété dans les individus et les familles : elle assure aux générations futures une élite d'adorateurs du vrai Dieu, qui, habitués de bonne heure à goûter les joies ineffables de l'intimité de Jésus, seront bien préparés à soutenir vaillamment les luttes de la vie.

Le monde catholique, Très Saint Père, vous est très reconnaissant du grand bienfait procuré ainsi à la société chrétienne ; mais ce sentiment de gratitude pénètre surtout ces âmes innocentes et pures qui ont été l'objet spécial de votre paternelle sollicitude.

Ces quelques centaines de petits pèlerins prosternés à vos pieds en sont la preuve la plus manifeste, la plus touchante.

Ce sont de petits communiants, mais représentant aussi leurs petits frères, tous enfants de cette noble et généreuse nation, qui n'en est pas à sa première initiative en fait d'œuvres catholiques, et qui est toujours heureuse de montrer son attachement au Siège de Pierre. Ils apportent les vœux et les remerciements de l'âme chrétienne et française, offerts par ce qu'il y a en France de plus sympathique et de plus charmant.

D'un élan unanime, ils ont élevé à Dieu les tendres accents de leur prière et offert le fruit d'innombrables communions, surtout à l'occasion de la fête patronale de Votre Sainteté.

En cette heureuse et inoubliable journée, où les petits ambassadeurs sont admis à la présence du Vicaire de Jésus-Christ, ils attendent tous filialement de leur Père bien-aimé une parole de bénédiction, qui les affermisse dans les saintes résolutions qui ont germé dans leur cœur, après y avoir accueilli le Dieu de l'Eucharistie.

Daignez les bénir, Très Saint Père, ainsi que leurs familles, leur chère patrie, celui qui, dans sa foi de vaillant catholique, a émis le premier l'idée de ce pèlerinage et tous ceux qui, par leur religieuse coopération, ont rendu possible cette magnifique et touchante manifestation de la piété filiale des catholiques de France.

Ce mérite, Très Saint Père, Votre Sainteté ne l'ignore pas, revient en première ligne aux si zélés et si dévoués Comités de l'Association de Notre-Dame de Salut, aidés par la jeune phalange des Noëlistes, et d'une manière toute spéciale aussi aux infatigables Augustins de l'Assomption qui sont toujours au premier rang lorsqu'il s'agit de la gloire de Dieu et des intérêts de la Sainte Eglise et du Saint-Siège.

Pour les uns et les autres, ainsi que pour lui-même, l'humble cardinal protecteur implore de votre bonté paternelle la Bénédiction apostolique.

Puis le jeune Louis Biret, du train de Paris, âgé de onze ans, s'est avancé, a fait une génuflexion devant le Pape et a lu, avec une voix claire, ce compliment qui a ému tout le monde :

LOUIS BIRET

Adresse des petits garçons.

TRÈS SAINT PÈRE,

Comme les petits enfants de la Judée se pressaient jadis autour de Notre-Seigneur, nous voici, nous, les petits enfants de France, aux pieds de Votre Sainteté. Nous venons, au nom des centaines de mille de nos petits frères qui sont restés au pays et qui auraient tant voulu nous accompagner à Rome, dire à Votre Sainteté merci de la grande faveur qu'Elle nous a faite, à nous, les petits, de pouvoir devancer l'âge, coutumier jusqu'ici, de notre première Communion. Par cet acte de paternelle bonté, Votre Sainteté s'est gagné tous nos cœurs, et nous ne cessons plus, depuis lors, de prier chaque jour pour Elle. Tous les jours nous l'aimons davantage, et aujourd'hui ce nous est une joie de vous promettre, ô Père très saint et très aimé, une fidélité, que rien ne pourra jamais ébranler, à la sainte Église notre Mère et à Celui qui si glorieusement la gouverne au nom de Dieu.

L'adresse des petites filles, transmise par Cécile Bernard, de Lille, âgée de 5 ans et demi, est à citer aussi.

Adresse des petites filles

Très Saint Père,

Au nom des petits enfants venus de France, permettez-moi de Vous remercier d'avoir permis à de petits enfants comme nous de recevoir le bon Jésus dans leur cœur dès qu'ils peuvent le connaître.

L'album qui renferme les noms de ceux qui ont communié pour Votre Sainteté, à l'occasion de votre fête, contient plus de cent trente-cinq mille promesses. Mais c'est bien davantage qu'ont été et que seront ces communions pour Vous, Très Saint Père, et cela dans l'univers tout entier, depuis la permission que vous nous avez donnée et jusqu'à la fin du monde.

Nous continuerons de prier de tout notre cœur pour Vous, Très Saint Père. Nous prierons pour la France, afin que se réalisent les belles paroles que Vous avez dites dans votre affection pour notre cher pays. Bénissez-nous, Très Saint Père, ainsi que tous ceux qui s'unissent à nous en ce jour.

Quatre enfants, dont un petit pèlerin pauvre, ont alors offert au Pape, en quatre volumes richement reliés en blanc, le grand album des cent trente-cinq mille trois cent trente petits Français qui ont communié pour le Pape à l'occasion de sa fête.

Ensuite, deux à deux, tous les enfants sont montés au trône, ont baisé l'anneau du Pape et ont reçu, sous une enveloppe blanche, un gracieux souvenir de leur

MÉDAILLE OFFERTE PAR LE SAINT-PÈRE
A TOUS LES PETITS ENFANTS DU PÉLERINAGE

pèlerinage consistant en une médaille d'argent épinglée sur soie blanche avec un ruban jaune, dans un carton blanc aux armes de Pie X, avec la date et une prière indulgenciée pour le Saint-Père.

La médaille représente le Sacré Cœur avec ces mots : *Voilà ce Cœur qui a tant aimé les hommes.* Au revers, elle porte l'effigie de Pie X avec ces mots : *Catholiques et Français toujours. Dieu protège la France.* Tous ont admiré l'exquise délicatesse du Pape qui a fait graver pour les petits Français ce souvenir dont l'enveloppe est de fabrication lyonnaise.

Au milieu du défilé, le Pape s'est levé et est allé au milieu des enfants, très paternellement, les bénir et leur parler. Puis il est revenu au trône pour achever

Seigneur Jésus, couvrez
de la protection de votre
divin Cœur notre très Saint
Père le Pape! Soyez sa
lumière, sa force et sa
consolation.

(300 j. d'ind. chaque fois)
(Pie X, 1911)

FAC-SIMILÉ DE L'ÉCRIN CONTENANT LA MÉDAILLE

le baisement de l'anneau et le don des médailles aux petites filles.

Tous ayant repris leur place, le Pape, d'une voix forte et bien accentuée, a lu lui-même, en français, cet important discours qui a produit une profonde émotion.

DISCOURS DE S. S. PIE X

Je vous remercie, mes chers enfants, de la consolation que vous me procurez de me trouver au milieu de vous, quand je songe que je représente Jésus-Christ lui-même, qui se plaisait auprès de vos semblables et disait à ses apôtres : *Laissez venir à moi les petits enfants, car le royaume des cieux appartient à ceux qui leur ressemblent. (Luc. XVIII, 16.)* J'ai encore un motif spécial de vous remercier, mes chers enfants, parce que cette solennelle démonstration de votre amour pour le Pape, qui vous a coûté les fatigues d'un long voyage, me donne l'occasion de me réjouir de votre docilité à l'invitation que Notre-Seigneur vous a adressée par ma bouche, quand, pour la première fois, malgré la tendresse de votre âge, vous l'avez reçu dans la très sainte Communion.

Nous lisons dans l'Evangile que le divin Rédempteur appela un jour un petit enfant semblable à vous, et, le plaçant au milieu de ses apôtres, leur adressa ces paroles : *Gardez-vous de mépriser un seul de ces enfants, parce que, je vous le dis, leurs anges contemplent sans cesse la face de mon Père qui est dans les cieux. (Matth. XVIII, 10.)* Hélas! ces gardiens célestes trop souvent sont attristés et saisis d'horreur quand ils découvrent dans les âmes qui leur sont confiées la dépravation et les souillures du péché. Les anges des enfants, au contraire, sans être jamais distraits par leur sollicitude de la vision bienheureuse de Dieu qu'ils voient face à face dans son éternelle lumière, le retrouvent encore dans leur âme, où il se reflète comme dans un miroir d'innocence, de pureté et de candeur.

Mais si cela est vrai de tous aussi bien que de votre semblable, que Notre-Seigneur appela au milieu de ses apôtres, qu'aurait-il dit de vous, chers petits enfants qui l'avez reçu lui-même, avec sa divinité et son humanité sacrée dans la sainte Communion, où vous avez uni votre chair avec sa chair, votre sang avec son sang, où votre cœur a palpité avec le sien? Qu'aurait-il dit de vos saints anges, au-dessus desquels vous élève la participation à la sainte Eucharistie, puisqu'ils n'ont pas reçu cette grâce qui vous a été accordée de vous nourrir de Jésus-Christ, de ne faire qu'une même chose avec lui, de vous unir à lui au point de vous approprier en quelque manière sa nature divine et ses perfections infinies?

Et voyez, mes chers enfants, les grâces qui découlent de ce bienfait. Par cette communication de lui-même, il donne — cet aimable Sauveur — à notre intelligence la vérité, la justice et la sainteté à notre volonté, la bonté à notre cœur, en sorte que le fidèle qui communie peut en toute vérité répéter avec saint Paul : *Jésus-Christ est ma vie...*

Je vis, ce n'est plus moi qui vis, c'est Jésus-Christ qui vit en moi... Mihi vivere Chris-tus est... (Phil. I, 21.) Vivo jam non ego, vivit vero in me Christus. (Gal. II, 20.)

Ainsi, puisque Dieu est la pureté sans tache, celui qui s'unit à Jésus-Christ dans

S. S. PIE X

la sainte communion, s'élevant comme une innocente colombe des eaux fangeuses de ce monde misérable, s'envole et va se réfugier dans le sein de Dieu, de Celui qui est plus pur que les neiges immaculées qui couronnent les montagnes. Si Dieu est la beauté infinie, celui qui s'unit à Jésus-Christ attire à lui l'admiration et les regards amoureux des anges, qui, s'ils pouvaient souffrir quelque passion, seraient jaloux de son sort. Si Dieu est la charité par essence, le fidèle uni à Jésus-Christ est comme ravi en une bienheureuse extase; la charité le transfigure; elle se trahit dans tout son extérieur et jusque dans son visage, dans les ardentes aspirations de son cœur et dans la suavité de ses paroles, qui distillent de ses lèvres comme le miel; tout en lui rappelle et manifeste l'amour. Enfin, si Dieu est la bonté même — et bonté dans le langage des Saintes Ecritures est la même chose que perfection — le fidèle qui s'est uni à Jésus-Christ dans la sainte Eucharistie trouve dans la vertu de ce sacrement toute perfection et toute sainteté; il y puise la force pour s'élever au-dessus de lui-même, aspirer à la félicité éternelle et mépriser les faux biens de ce monde, comme impuissants à satisfaire ses désirs. Semblable au char de feu du prophète Elie, elle l'entraîne loin d'ici-bas et, pendant qu'il vit encore sur la terre, elle le transforme en habitant du ciel, jouissant d'une paix et d'une félicité qu'aucune langue ne saurait expliquer, car, selon la parole des Saintes Ecritures : *L'œil de l'homme n'a jamais vu, son oreille n'a jamais entendu, son cœur n'a jamais goûté les délices que Dieu réserve à ceux qui l'aiment.* (*I Cor.* ii, 9.) Et ainsi s'accomplit la promesse de Jésus-Christ : *Celui qui se nourrit de ce pain a la vie éternelle : Qui manducat meam carnem et bibit meum sanguinem habet vitam æter-*

nam. (*Joan.* vi, 55.) Il ne dit pas qu'il l'aura, qu'elle lui est réservée dans l'avenir, *habebit,* mais qu'il l'a déjà, *habet,* et qu'il en possède le gage certain.

Mes bien chers enfants, je vous félicite de nouveau de la grande grâce que Dieu vous a faite, et je me plais de vous saluer comme des anges, que dis-je, comme leurs rivaux qui les surpassent en félicité par ce privilége de la sainte Communion qui vous a unis intimement à Notre-Seigneur dans la participation de son corps et de son sang adorables, de sa nature divine et de ses perfections infinies.

A ces félicitations, je joindrai quelques avis que je vous prie de bien graver dans votre mémoire.

Ces bienfaits de Dieu dont je viens de vous parler, vous les avez goûtés avant d'en avoir la pleine et entière connaissance, parce que les saintes affections du cœur attendent encore à votre âge le parfait développement de l'intelligence; aussi je vous recommande tout d'abord, comme fruit de votre visite au Pape, la résolution et la promesse solennelle de fréquenter encore longtemps le catéchisme. C'est là, en vous perfectionnant avec diligence et avec amour dans la connaissance de la doctrine chrétienne, que vous apprendrez, avec les autres vérités de notre sainte religion, que la divine Eucharistie est le centre de la foi, le but final de toute autre dévotion, la source de tout bien, la consommation de tous les autres sacrements, le résumé des divins mystères, le fleuve de toutes les grâces, le baume de toutes les douleurs, le pain de vie, le viatique qui nous fortifie pour le voyage vers l'éternité, le gage et la jouissance anticipée du bonheur éternel.

Mes chers enfants, chers premiers communiants, vous avez reçu Notre-Seigneur pour la première fois, mais ce n'est pas assez. Chaque jour nous demandons à Dieu le pain qui doit soutenir la vie de notre corps; ainsi avons-nous besoin du pain céleste qui donne la vie à notre âme. La seconde recommandation que je vous adresse sera donc de vous approcher fréquemment, si vous ne le pouvez tous les jours, de la Table eucharistique pour vous unir à votre Sauveur. Vous lui ferez encore de fréquentes visites dans la solitude et le silence de son tabernacle, d'où vous l'entendrez qui vous adresse cette invitation pleine d'amour : *Venez à moi, vous tous qui avez faim, et je vous rassasierai; vous tous qui êtes chargés et opprimés, et je vous donnerai le soulagement, la paix et la consolation.*

Enfin, mon dernier désir, mes chers enfants, c'est que l'amour de Notre-Seigneur règne tellement en vous qu'il vous transforme en autant d'apôtres zélés pour sa gloire. Vous serez le trésor de vos familles que vous consolerez par votre bonne conduite et que votre seul exemple gagnera à la fréquentation de la sainte Eucharistie. A l'école, vous provoquerez par votre piété l'émulation de vos jeunes condisciples. A la paroisse, tous vous regarderont comme des anges tutélaires.

Enfin, partout autour de vous, par vos prières, par votre sagesse et par les seuls attraits de votre modestie, vous contribuerez, autant qu'il est en vous, à la conversion des pécheurs et au retour à Jésus-Christ des incrédules et des indifférents.

En vous adressant ces recommandations et ces vœux, mes bien chers petits enfants, je vous accorde de tout cœur, à vous, à vos jeunes compagnons de France, à vos pères et mères et à tous vos parents, la Bénédiction apostolique.

Puis, le Souverain Pontife s'est levé, a chanté la bénédiction solennelle et a regagné ses appartements en portantina, pendant que la foule des pèlerins chantait l'*Oremus pro Pontifice nostro Pio*.

« Ensuite, dit l'*Osservatore Romano*, le Comité de l'Association de Notre-Dame de Salut, accompagné du T. R. P. E. Bailly et de quelques-uns de ses religieux, est allé saluer S. Em. le cardinal Merry del Val, secrétaire d'Etat, qui s'est très aimablement entretenu quelque temps avec eux et les a félicités de l'heureux succès de leur noble initiative. »

Audience de remerciements.

Désirant remercier Sa Sainteté du magnifique discours adressé la veille aux enfants, le T. R. P. Emmanuel Bailly a été reçu le lundi matin 15 avril en audience privée, avec le Comité de Notre-Dame de Salut et le Directeur du pèlerinage. Ils ont été présentés par S. Em. le cardinal V. Vannutelli. L'accueil du Pape a été exceptionnellement paternel : il a dit sa joie d'avoir vu et béni les petits enfants de France.

Parmi les cadeaux offerts au Pape par la direction et les membres importants du pèlerinage, signalons une riche obole pour le Denier de Saint-Pierre et des linges sacrés finement brodés pour la chapelle privée du Pape. M. Paul Feron-Vrau a offert en même temps la souscription des abonnés de la revue *Rome*, montant à 10000 francs.

La satisfaction du Pape.

L'*Osservatore Romano* publiait le soir même, dans sa partie officielle, cette note qui clôture admirablement le compte rendu sommaire de l'audience pontificale :

Sa Sainteté a reçu en audience particulière le Comité de l'Association de Notre-Dame de Salut, promoteur et organisateur du pèlerinage des enfants de France qui furent reçus par le Saint-Père dans la chapelle Sixtine. Sa Sainteté manifesta aux messieurs et dames de ce Comité sa haute satisfaction pour l'heureux succès de leur noble initiative, s'entretint paternellement avec eux et leur donna la Bénédiction apostolique.

Une conférence originale.

Le dimanche soir, après une après-midi pluvieuse, tous les enfants se réunirent, à 5 heures, dans la salle Pia, près du château Saint-Ange, pour entendre une conférence avec projections de M. Delattre, directeur du train de Nîmes, sur saint Tharsicius, sainte Cécile, saint Nicolas, Jeanne d'Arc et la vie de Pie X intime. Quand les portraits du Pape paraissaient, on entendait des applaudissements unanimes et des réflexions candidement affectueuses : « Vive notre bon Pape ! Au revoir, Saint-Père ! Nous reviendrons vous voir ! » etc. Tous les assistants ont été émerveillés de cet enthousiasme, en même temps que de la perfection des vues de la Bonne Presse et du talent original et apostolique du conférencier.

Le dernier jour.

Le lundi matin, à l'occasion de l'anniversaire de la mort du P. Picard, décédé à Rome le 16 avril 1903, un grand nombre de pèlerins sont allés prier sur sa tombe au Campo Verano, où deux messes ont été dites pour ce grand initiateur des Pèlerinages Nationaux à Rome, à Lourdes, à Jérusalem.

Puis on a visité le cimetière, le monument des

CAMPO VERANO — LA GALERIE LOMBARDI

zouaves pontificaux, et ensuite la basilique de Saint-Laurent, où se trouve le tombeau de Pie IX.

*
* *

A 8 heures, Mgr Marty, évêque de Montauban, a célébré la messe, à Saint-Venance, pour les Noëlistes du pèlerinage qui remplissaient l'église. Il y a eu Communion générale. Dans son allocution, le prélat a commenté le mot de Notre-Seigneur : « Demeurez en moi et moi en vous », et il a proclamé son admiration et sa sympathie pour le mouvement noëliste.

Après la messe, dans la maison généralice des Augustins de l'Assomption qui se trouve à côté, « Nouvelet » a présenté les jeunes Noëlistes au

T. R. P. Emm. Bailly, qui les a félicités de leur dévotion au Pape; à Mgr Marty, qui a réclamé des prières pour la France et son clergé; à Mgr Petit, archevêque d'Athènes, qui a recommandé de prier pour l'union des Eglises et promis une bénédiction au *Noël* après sa consécration épiscopale fixée au 25 avril.

****

Ce même jour, après l'audience privée accordée au Comité de Notre-Dame de Salut, le Pape a consenti à recevoir, dans la salle du Trône, une cinquantaine de pèlerins qui n'avaient pu le voir, la veille, dans la chapelle Sixtine, à raison de la trop grande affluence. Sa Sainteté parcourut leurs rangs, écouta leurs requêtes, notamment celles de plusieurs enfants lui recommandant leur vocation, et se retira après les avoir bénis.

Le lendemain mardi, après le départ des deux trains, un certain nombre de pèlerins du groupe spécial eut la même faveur.

****

Parmi les souvenirs distribués aux petits communiants, signalons l'envoi de paroissiens, cadeau d'une généreuse chrétienne de Cannes, et d'images de première Communion, dessin de J.-M. Breton, avec texte approprié, don de la maison Bouasse-Jeune, de Paris.

Ajoutons qu'en cours de route, à certaines gares, des provisions, des fruits, des gâteaux, etc., ont été offerts aux enfants par d'aimables visiteurs.

Départ de Rome.

Le départ des trains de Paris et de Nîmes s'est heureusement effectué le mardi matin 16 avril, les pèlerins manifestant leur joie des grâces reçues et leurs regrets de laisser Rome. Mgr Penon et le T. R. P. Emmanuel Bailly étaient allés les saluer en gare.

Le soir est parti le groupe spécial de Paris.

Ce Pèlerinage de petits communiants, dont on a admiré le nombre, l'aimable distinction, l'entrain, la bonne tenue, l'obéissance et la ferveur, a laissé à Rome une grande impression et de profonds souvenirs.

L'arrivée en France a eu lieu, le lendemain, dans les meilleures conditions. Les pèlerins restent très touchés des inoubliables bontés du Pape pour eux.

APRÈS LE PÈLERINAGE

Quelques impressions.

Parmi les nombreux articles qui ont paru dans la presse catholique de France et d'Italie, nous relèverons seulement quelques extraits.

Du *Messager de Saint-Jean* (cercle et patronage de Saint-Pierre du Gros-Caillou, à Paris), de mai 1912 :

Le mardi de Pâques, un peu après 8 heures du matin, le grand hall de la gare du P.-L.-M. offrait un spectacle curieux et pas ordinaire, encore que notre grande ville soit quelque peu habituée aux pèlerinages pieux et aux caravanes de touristes ou de sportsmen de toutes espèces, pour lesquels des trains spéciaux sont souvent mobilisés.

De toutes parts et par tous les transports usités, arrivaient à ce rendez-vous des groupes de parents accompagnant un ou plusieurs enfants, tous munis d'un petit nécessaire de voyage et portant comme insigne distinctif une croix de laine rouge ornée d'une médaille de la Vierge.

INSIGNE DES PÈLERINS

Regardés curieusement et avec sympathie par les nombreux ouvriers, employés, gens affairés que déversent à Paris, chaque matin de semaine, les nombreux trains venant de la banlieue, ces petits garçons et fillettes s'empressaient vers un quai au coin duquel une pancarte indiquait : *Spécial pour Modane.* On se

hâte vers les compartiments indiqués afin d'y
retenir sa place. Quand, à 8 h. 40, retentit le
coup du sifflet du départ, d'ultimes recommandations sont faites, des vœux échangés, et, au milieu
de derniers gestes d'adieu, le train s'ébranle aux
accents joyeux de l'*Ave, maris Stella*.....

De la *Semaine religieuse de Dijon* (13 avril) :

Parti de Paris mardi matin, le train spécial du
pèlerinage arrivait à Dijon à 2 h. 1/2; un arrêt
de vingt minutes donnait aux voyageurs la liberté
de descendre des wagons sur le quai, sans craindre
la bise qui soufflait piquante. Les plus agiles
étaient à peine débarqués, qu'au milieu d'eux ils
avaient le plaisir d'apercevoir Mgr l'évêque. Sa
Grandeur, depuis un mois, avait envoyé au directeur du pèlerinage ses félicitations pour la touchante pensée de conduire vers le Pape les petits
communiants de France : quel bonheur pour ces
enfants de changer en réalité le rêve que tant
d'autres avaient conçu en vain, voir le Pape, lui
être présentés et recevoir sa bénédiction! Mais il
ne suffisait pas à Monseigneur de les encourager
dans leur dessein; puisqu'ils s'arrêtaient un ins-
tant dans sa ville épiscopale, il leur apporterait
une visite d'amitié et de bénédiction. Il était donc
là, accompagné de M. le vicaire général Bullier
et de M. le supérieur du Grand Séminaire, sou-
riant à leur arrivée.

Aussitôt, les pèlerins les plus rapprochés,
prêtres, parents, jeunes gens, enfants, s'inclinent
devant lui, s'agenouillent, baisent son anneau,
demandent sa bénédiction. Et bientôt la nouvelle
s'en répand tout le long du train: ceux qui sont
restés dans les wagons s'empressent à leur tour;
les plus lointains s'informent, questionnent les
voisins pour savoir si c'est l'évêque de Dijon,
accourent auprès de lui. Mais d'autres encore

attendent plus loin; guidé par le Père Directeur du pèlerinage, Monseigneur va de place en place, répétant ses bénédictions, signant au front les petits enfants, accueillant ici des familles entières unies dans la joie du voyage, là de charmants et sérieux groupes de petits pèlerins. Sur son passage, on crie gentiment : « Vive Monseigneur! » et l'on ajoute, encouragé par ses paroles : « Vive le Pape! » Sa Grandeur s'adresse surtout aux plus jeunes, leur redit en quelques mots le bonheur qu'ils vont chercher à Rome, la piété qui doit les guider dans leur démarche, et que leur rappelle l'insigne, la croix de laine rouge, qu'ils portent tous sur la poitrine. Ce sont d'aimables et touchantes scènes qui se succèdent devant la curiosité respectueuse des assistants.

De la *Semaine religieuse de la Savoie* (11 avril) :

A 8 heures, une agréable surprise était réservée aux pieux voyageurs. S. Em. le cardinal Dubillard, archevêque de Chambéry, accompagné de M. le vicaire général Colombain et de M. le chanoine Bovet, chancelier de l'archevêché, avait tenu, malgré l'heure tardive, à venir à la gare bénir les petits communiants et leurs parents. Son Eminence parcourt rapidement les différentes salles du buffet, où les pèlerins achevaient leur repas, et adresse à chacun, avec une grande bienveillance et une bonté toute paternelle, des paroles de bienvenue et des souhaits de bon voyage. Alors, c'est une véritable ovation que lui fait l'immense assistance; les pèlerins, enthousiasmés de cet accueil si cordial, acclament le vénéré cardinal; on se presse autour de lui, les mères lui présentent leurs enfants, chacun veut baiser son anneau et recevoir une bénédiction. A leur tour, le Directeur du Pèlerinage et « Nouvelet », directeur des Noëlistes, remercient chaleureusement au nom de tous Son Eminence de

son affectueuse démarche dont ils sont vivement
touchés ; ils lui présentent leurs respectueux hommages et leurs meilleurs vœux de bonheur et de
santé : « Vive le cardinal Dubillard ! »

De la *Revue religieuse* de Rodez (19 avril) :

De vieilles chroniques nous rapportent qu'on
vit au moyen âge des masses d'enfants se former
en Allemagne et en France pour voler au Saint-
Sépulcre. Et l'histoire — ou la légende — ajoute
que bien peu, hélas! de ces petits téméraires purent
parvenir sains et saufs en Terre Sainte. La charmante « croisade d'enfants » qui vient de s'accomplir auprès du Vicaire de Jésus-Christ s'est
effectuée dans les meilleures conditions de sécurité
et de sauvegarde. De tout jeunes communiants
français, au nombre de quatre cents, bien casés
dans de confortables wagons, ont été conduits
par leurs propres parents ou de vigilants gardiens
dans la Ville Éternelle, témoin émerveillé de ce
nouvel et gracieux spectacle. Les attentions les
plus aimables ont été prodiguées aux petits Français. Les gentils Pages du Saint-Sacrement de Rome
leur ont dit une souriante bienvenue. Les plus hauts
dignitaires ecclésiastiques leur ont témoigné le
plus bienveillant accueil. Et S. S. Pie X leur a
accordé les honneurs d'une audience très solennelle.

De l'Agence internationale *Roma* (A. I. R.) :

Rome, 14 avril, 11 h. 15 du soir. — Le discours
du Saint-Père aux premiers communiants français
a produit une profonde impression : car le vibrant
amour paternel, le zèle apostolique de ce discours,
sont la confirmation solennelle des décrets sur la
première Communion précoce et fréquente. Le
Pape recommande aux enfants la continuation du
catéchisme, la communion quotidienne, l'apostolat.
L'enthousiasme est indescriptible.

De la *Semaine religieuse* de Verdun (27 avril), lettre de M. l'abbé Lombard, vicaire à Saint-Mihiel :

Tous les journaux ont raconté l'audience du dimanche 14 avril : le Pape, très fatigué, n'ayant pas quitté ses appartements depuis trois semaines, voulut recevoir tous les pèlerins dans la chapelle Sixtine. Les enfants furent seuls admis au baiser de l'anneau, et tous reçurent de la main du Pape une magnifique médaille en argent. Mais ce qui fut le plus touchant, ce qui fit verser d'abondantes larmes au Souverain Pontife, c'étaient les naïves demandes de ces chers petits : « Saint Père, je veux être prêtre... Convertissez papa... Je désire, quand je serai grand, être missionnaire », etc. Quelques-uns remirent des lettres signées de tous les enfants d'une même école ; 90 sur 100, au dire des proches témoins, présentèrent des requêtes.

De M. François Veuillot, dans l'*Univers* du 18 avril :

C'est un tableau d'Évangile qui s'est déroulé dimanche au Vatican. Comme autrefois le Christ au milieu des splendeurs du ciel oriental, le Pape, sous les voûtes somptueuses de la Sixtine, a tendu vers les petits enfants ses regards illuminés de sourires et ses mains chargées de bénédictions. L'Église n'est-elle pas toujours l'Évangile vivant ? Mais il ne suffit point de s'attendrir à ce dialogue émouvant et délicieux. Cette vision de paradis n'est pas faite pour procurer une jouissance d'art supérieure à notre imagination fatiguée de réalisme ; elle n'est pas destinée non plus à impressionner délicatement ce qu'un moderniste appellerait notre sensibilité religieuse. Toutes les beautés, dans l'ordre providentiel, sont génératrices d'action. Nous devons donc recueillir, avec un respect tendu vers l'effort, les enseignements que le Souverain Pontife a répandus dans ces âmes innocentes. Le Décret sur la première

Communion précoce y rencontre, en effet, le commentaire le plus autorisé qu'il ait jamais reçu.

De M. FRANÇOIS LAVAL, dans la *Croix de Touraine* (5 mai), sous le titre : *Celui qui vraiment règne* :

Dès que j'ai su qu'ils étaient revenus, je suis vite allé voir deux de mes petits amis qui s'étaient joints avec une ferveur enthousiaste, à ce pèlerinage dont l'idée seule impressionne étrangement...

Ah! je n'ai pas eu besoin d'interroger!..... Ils ne m'ont parlé ni des splendeurs antiques ni des splendeurs modernes qui essayent en vain de calmer les premières. Il y a pourtant, dans cette ville des Césars, des Catacombes et du Colisée, des sources d'émotion qui suffisent à en faire un lieu unique. Mais pour eux, comme pour tout le monde, cela s'annihile presque devant le Pontife qui transfigure cette Rome, et dont la pensée éblouit...

En revanche, comme ils m'ont parlé du Pape!..... C'est lui et lui seul qu'ils allaient voir; c'est de l'attente de cette inoubliable audience qu'ils ont vécu là-bas, et c'est aux minutes où ils l'ont vu que se ramènent toutes leurs impressions...., impressions qui auront tant d'emprise sur leur existence et qui m'ont profondément remué.

— Figurez-vous, on nous avait défendu de l'applaudir, ajoutaient-ils, l'air navré; mais le soir, dans une séance de projections, on nous l'a fait voir sur la toile, et c'est alors qu'on s'est rattrapé! Ah! j'ai bien crié!.....

Ils m'ont dit qu'il ne les avait pas intimidés, mais qu'il était très bon, qu'il avait pleuré :

— D'ailleurs, vous savez, il y en avait qui pleuraient!..... Presque tous ceux qui ont pu lui parler lui ont demandé des miracles : « Saint Père, guérissez ma sœur! Pape, convertissez mon père! »

Ce devait être un peu comme cela jadis, autour de Jésus, sur les routes de Galilée.

..... Et j'ai eu l'impression très nette qu'en ces temps où toutes les puissances matérielles font inutilement l'impossible pour se faire obéir, il n'y avait réellement qu'un seul homme maître des

Phot. Gillou.

DE LA TRINITÉ DES MONTS AU PINCIO

esprits et centre des cœurs : c'était ce Vieillard en habit blanc.....

Nous ne saurions mieux terminer ces pages que par deux extraits de lettres épiscopales, qui nous diront avec autorité combien le Souverain Pontife a été heureux et consolé de ce Pèlerinage des petits enfants de France.

S. Em. le cardinal DE CABRIÈRES, évêque de Montpellier, a écrit, le 11 mai, au clergé et aux fidèles de son diocèse :

Quelques jours avant la visite que nous avions le bonheur inespéré de faire (au Pape), il s'était plu à regarder, à entendre, à instruire et à bénir les nombreux petits communiants français qu'une pensée délicate lui avait amenés; et ceux-ci, à leur tour, unissant dans leur cœur aux émotions de leur première participation à l'adorable Eucharistie, le spectacle de l'ineffable douceur et de la paternelle majesté du Souverain Pontife, avaient associé pour jamais dans leurs souvenirs le nom de l'influence surnaturelle de Jésus-Christ, caché sous les voiles sacramentels, avec le nom et avec l'influence mystérieuse de Celui qui ici-bas le représente, comme le Chef visible de son Église.

En nous accueillant avec son habituelle bonté, Pie X daignait nous exprimer lui-même la douceur qu'il avait goûtée à être entouré par cette troupe enfantine, dont les regards, les acclamations, le naïf enthousiasme attestaient à la fois la piété et l'attachement au Vicaire du Christ.

Mgr Marbeau, évêque de Meaux, a envoyé de Rome, « hors la Porte Flaminienne », le 3 mai, une Lettre pastorale à ses diocésains, où il dit :

..... Le Souverain Pontife daigna agréer avec un sourire de sérénité joyeuse l'expression d'une nouvelle reconnaissance. Il nous avait permis de le féliciter des admirables manifestations de foi des premiers communiants de France. Ceux-ci s'étaient, en effet, réunis les jours précédents, d'abord le samedi 13 avril, dans la basilique de Sainte-Marie Majeure, sous la présidence de S. Em. le cardinal Vannutelli. Là, Son Éminence adressa aux enfants, dans un français aussi pur qu'élevé, des enseignements émus et d'une édification pratique; puis tous reçurent de sa main la Communion, dont la distribution fut continuée, sur l'invitation du cardinal lui-même, par les évêques de Moulins et de Meaux. Ensuite, le lendemain, c'est à la chapelle Sixtine que ces enfants se retrouvèrent pour être reçus à l'audience du Saint-Père. Le Pape se plut à nous redire la beauté du spectacle de ces chers petits enfants qui avaient reçu la sainte Communion; combien il avait été charmé de leurs petits discours, des quatre volumes de parchemin qu'apportaient les délégués des 135 330 signataires de l'adresse de gratitude pour le bienfait de la sainte Communion; il aimait à célébrer de nouveau « le prix, la douceur et la force de la sainte Eucharistie » ..... Le Saint-Père se plaisait encore à raconter les témoignages reçus et les paroles dites tout bas à son oreille et déposées dans le secret de son cœur par les enfants qui, dans leur confiance candide, ne voulaient être entendus que de lui..... Il les voyait encore remettant au passage des lettres et des billets qu'ils lui recommandaient, heureux de parler dans l'intimité comme des enfants à un père, du milieu même de la foule, à mesure qu'ils baisaient son anneau, tandis que lui-même s'inclinait pour les entendre et leur répondre, en les bénissant avec une émotion attendrie. Il prenait plaisir à écouter aussi quelques traits de cette confiance des enfants qui, à la sortie de la chapelle Sixtine, pleuraient de n'avoir pas vu le Pape d'assez près pour lui parler à lui tout seul..... Témoin ce petit garçon de neuf ans, qui nous dit tout bas du milieu de ses camarades : « Je voulais tant demander au Saint-Père de prier pour la conversion de mon grand-père et de ma grand'-mère et pour que je sois plus tard missionnaire! » Il ne fut calmé que quand il reçut pour ses grands-parents deux petites croix remises au nom et de la part de Sa Sainteté qui en fut informée et approuva.....

TABLE DES MATIÈRES

Préface 3

AVANT LE PÈLERINAGE

Projet du Comité 5
Bénédiction de l'épiscopat 7
Communions d'enfants du 19 mars 8
Album offert au Saint-Père 9
Neuvaine 12
Itinéraire et programme 12

LE PÈLERINAGE

Départ de Paris et de Nîmes 13
En cours de route 14
Arrivée à Rome 17
Messe à Saint-Pierre 18
Allocution du T. R. P. Bailly 20
Les visites à Rome 25
Cérémonie à Sainte-Marie Majeure 26
Allocution du cardinal V. Vannutelli 28
Adresses des enfants 33
Allocution du R. P. Formenti 35
Audience du Saint-Père 38
Adresse du cardinal V. Vannutelli 39
Adresses des enfants 41
Discours de S. S. Pie X 45
Audience de remerciements 51
Le dernier jour 52
Départ de Rome 54

APRÈS LE PÈLERINAGE

Quelques impressions 55

791-12. — Imp. P. Feron-Vrau, 3 et 5, rue Bayard, Paris-8°.

www.ingramcontent.com/pod-product-compliance
Lightning Source LLC
Chambersburg PA
CBHW051632060726
47597CB00004B/1535